AF554632

LOUIS THEUREAU

REVUE FINANCIÈRE

1868 et 1869

PARIS
IMPRIMERIE DE A. PARENT,
31, RUE MONSIEUR-LE-PRINCE, 31.

JANVIER 1869

REVUE FINANCIÈRE

PREMIÈRE PARTIE (1)

L'ANNÉE 1868

COURS DE LA BOURSE. — BILANS DE LA BANQUE. — TAUX DES ESCOMPTES. — OPÉRATIONS ET MANŒUVRES FINANCIÈRES.

Voici, pour les principales valeurs cotées à la Bourse de Paris, les oscillations mensuelles des cours durant l'année 1868 :

FONDS PUBLICS.

	3 0/0 français.		rente italienne.		6 0/0 américain.		emp. autr. 1852	
	pl. haut.	pl. bas.	pl. haut.	pl. bas.	pl. haut.	pl. bas.	pl. haut.	pl. bas.
Janvier. .	68 97 1/2	68 35	44 35	41 35	82 1/2	81 »	68 3/8	66 »
Février. .	69 50	68 45	46 20	43 37 1/2	81 1/2	81 »	73	65 »
Mars . . .	69 57 1/2	69 »	49 40	45 10	81 1/2	80 »	72 1/2	68 3/4
Avril. . .	69 50	68 80	50 35	46 95	83 3/8	82 »	68 3/8	66 »
Mai. . . .	69 77 1/2	69 17 1/2	52 50	48 60	83	79 3/4	66 3/4	66 »
Juin. . . .	70 92 1/2	70	55 55	52 75	83 1/2	81 »	67	65 »
Juillet. . .	71 02 1/2	69 85	56 10	53 20	83 3/4	81 »	64 3/4	62 »
Août. . .	71 12 1/2	69 97 1/2	53 30	52 10	81 7/8	79 3/4	62 1/2	60 »
Septembre	70 95	68 35	53 10	51 50	84 »	81 1/2	61 1/2	60 »
Octobre. .	70 65	68 20	55 30	51 97 1/2	86 3/4	83 »	63 1/2	60 1/2
Novembre	71 95	70 80	57 07 1/2	55 15	87 »	83 »	64 1/2	63 3/4
Décembre	71 80	69 77 1/2	58 50	56 75	86 »	85 »	65 »	63 5/8

	5 0/0 turc.		3 0/0 esp. int.		4 1/2 0/0 belge.		3 0/0 angl. (Lond.	
	pl. haut.	pl. bas.	pl. haut.	pl. bas.	pl. haut.	pl. bas.	pl. haut.	pl. bas.
Janvier. .	32 90	30 »	34 1/2	32 3/4	99 3/4	99 1/8	93 6/8	92 »
Février. .	33 25	32 »	34 1/4	32 »	101 »	100 »	93 5/8	92 5/8
Mars. . .	34 50	32 50	33 »	32 »	101 1/2	101 »	93 1/8	93 »
Avril. . .	35 75	34 10	33 »	32 1,8	104 »	101 »	94 1/8	93 1/8
Mai. . . .	39 »	35 10	33 3/4	32 »	101 »	99 3/4	94 »	92 5/8
Juin. . . .	40 »	37 75	34 »	33 3/4	103 3/4	101 1/2	95 2/8	94 6/8
Juillet . .	41 25	38 50	34 »	31 1/4	101 »	100 3/4	95 1/8	94 3/8
Août. . .	40 15	38 50	» »	» »	101 3/4	101 »	94 3/8	93 7/8
Septembre	41 20	38 50	31 »	31 »	102 1/2	101 1/2	94 4/8	94 »
Octobre. .	42 80	39 25	32 1/4	30 1/4	102 1/4	102 »	94 7/8	94 1/8
Novembre	44 20	41 30	36 »	34 »	101 3/4	101 »	49 3/8	94 »
Décembre.	42 10	37 50	34 »	33 1/8	102 1/2	101 »	92 1/8	94 1/8

INSTITUTIONS DE CRÉDIT.

	Banq. de France.		Mobil. franç.		Créd. foncier.		Compt. d'esc.	
	pl. haut.	pl. bas.	pl. haut.	pl. bas.	pl. haut.	pl. bas.	pl. haut.	pl. bas.
Janvier. .	3300	3200	175 »	161 25	1390 »	1337 50	665 »	637 »
Février. .	3260	3135	235 »	173 75	1472 50	1375 »	672 »	647 »
Mars. . .	3200	3100	272 50	225 »	1485 »	1445 »	670 »	655 »
Avril . . .	3200	3175	273 75	221 25	1478 75	1430 »	677 »	665 »
Mai . . .	3199	3165	295 »	210 »	1522 50	1460 »	692 »	672 »
Juin . . .	3180	3130	325 »	286 25	1550 »	1510 »	753 »	692 »
Juillet. . .	3200	3140	305 »	258 75	1547 50	1425 »	745 »	720 »
Août. . .	3190	3145	286 25	248 75	1475 50	1412 25	725 »	670 »
Septembre	3170	3100	291 25	270 »	1453 75	1375 »	700 »	677 »
Octobre. .	3115	2990	285 »	271 »	1468 75	1415 »	690 »	673 »
Novembre	3230	3090	307 50	277 50	1530 75	1467 50	715 »	690 »
Décembre	3200	3125	303 75	281 25	1547 50	1497 50	710 »	690 »

(1) Cette première partie a paru dans le *Journal des Économistes*, numéro de janvier 1869.

	Soc. générale.		Cr. ind. et com.		Mobil. espagnol.		Foncier autrichien.	
	pl. haut.	pl. bas.	pl. haut.	pl. bas.	pl. haut.	pl. bas.	pl. haut.	pl. bas
Janvier . .	525 »	502 »	630	620	225 »	178 75	645 »	620 »
Février . .	545 »	522 »	637	620	285 50	225 »	692 »	645 »
Mars . . .	560 »	532 »	640	628	316 25	270 »	680 »	667 »
Avril. . . .	560 »	520 »	642	636	335 »	305 »	675 »	657 »
Mai. . . .	566 »	532 »	645	627	318 75	297 50	680 »	675 »
Juin. . . .	608 »	552 »	650	635	332 50	317 50	720 »	678 »
Juillet . .	580 »	513 »	547	640	337 50	297 50	715 »	685 »
Août. . .	600 »	582 »	650	640	300 »	277 50	730 »	695 »
Septembre	600 »	575 »	650	640	298 75	268 75	725 »	705 »
Octobre. .	600 »	575 »	670	645	308 75	265 »	730 »	710 »
Novembre	607 »	590 »	665	650	325 »	300 »	750 »	728 »
Décembre	600 »	560 »	650	625	305 »	280 »	755 »	735 »

CHEMINS DE FER (ACTIONS).

	Orléans.		Nord.		Lyon.		Midi.	
	pl. haut.	pl. bas.	pl. haut.	pl. bas.	pl. haut.	pl. bas.	pl. haut.	pl. bas.
Janvier. . . .	882 50	857 50	1172 50	1148 75	886 25	867 50	558 50	532 50
Février. . . .	897 50	880 »	1185 »	1100 »	913 75	885 »	561 25	538 75
Mars.	908 75	887 50	1195 »	1171 25	935 »	905 »	577 50	552 50
Avril.	907 50	855 »	1190 «	1180 »	945 »	930 »	588 75	567 50
Mai	878 75	862 50	1211 25	1186 25	945 »	902 50	590 »	572 50
Juin.	888 75	877 50	1225 »	1212 50	942 50	930 »	602 50	588 75
Juillet. . . .	887 50	880 »	1217 50	1150 »	940 »	930 »	600 »	570 »
Août.	912 50	880 »	1195 »	1150 »	971 25	927 50	588 75	565 »
Septembre . .	912 50	892 50	1190 50	1165 »	975 »	938 75	592 50	578 75
Octobre. . . .	910 »	887 50	1192 50	1171 25	985 »	960 »	598 75	585 25
Novembre. . .	923 50	895 »	1207 25	1192 50	995 »	967 50	642 50	598 75
Décembre . .	920 »	907 50	1210 25	1187 50	975 »	960 »	641 25	633 75

	Est.		Ouest.		Autrichiens.		Lombards.	
	pl. haut.	pl. bas.	pl. haut.	pl. bas.	pl. haut.	pl. bas.	pl. haut.	pl. bas.
Janvier...	540 »	528 75	567 50	548 75	516 25	501 25	347 50	335 »
Février . .	545 »	537 59	570 »	563 75	560 »	518 75	385 »	346 25
Mars . . .	550 »	542 50	572 50	567 50	557 50	545 »	383 75	367 50
Avril . . .	553 75	547 50	572 50	542 50	565 »	545 »	378 75	363 75
Mai	555 »	540 »	562 50	555 »	567 50	553 75	380 »	363 75
Juin	553 75	547 50	565 »	560 »	582 50	557 50	398 75	377 50
Juillet . . .	575 »	553 75	575 »	565 »	590 »	551 25	412 50	395 »
Août. . . .	570 »	555 »	582 »	570 »	535 75	535 »	418 75	401 25
Septembre.	575 »	561 25	587 50	580 »	558 75	541 25	418 75	401 50
Octobre . .	580 »	566 25	578 75	557 50	582 50	555 »	420 »	406 25
Novembre .	582 50	562 50	577 50	567 50	655 »	576 20	423 »	390 75
Décembre .	567 50	555 »	578 75	572 50	662 50	647 50	428 »	407 50

VALEURS INDUSTRIELLES DIVERSES (actions).

	Messag. Imp.		Gaz de Paris.		Comp. Transatl.		Comp. Immob.	
	pl. haut.	pl. bas.	pl. haut.	pl. bas.	pl. haut.	pl. bas.	pl. haut.	pl. bas
Janvier . .	725 »	720 »	1481	1425 »	285 »	257 »	77 »	60 »
Février . .	760 »	720 »	1550	1475 »	362 »	286 »	103 »	62 »
Mars . . .	755 »	740 »	1600	1550 »	350 »	332 »	105 »	92 »
Avril . . .	765 »	755 »	1585	1435 »	382 »	340 »	102 »	87 »
Mai . . .	767 »	758 »	1497	1455 »	406 »	365 »	128 »	91 »
Juin . . .	770 »	740 »	1510	1475 »	420 »	377 »	145 »	125 »
Juillet . .	775 »	755 »	1500	1475 »	400 »	355 »	127 »	93 »
Août. . .	760 »	750 »	1530	1470 »	536 »	347 »	115 »	93 »
Septembre.	762 »	752 »	1525	1470 »	360 »	320 »	121 »	107 »
Octobre. .	775 »	755 »	1525	1470 »	340 »	305 »	116 50	107 »
Novembre.	[illegible]	771 »	1550	1520 »	345 »	328 »	125 »	90 »
Décembre	[illegible]	765 »	1545	1510 »	342 »	321 »	118 »	106 »

	Omnib. de Paris.		Voit. de Paris.		Eaux.		Suez.	
	pl. haut.	pl. bas.	pl. haut.	pl. bas.	pl. haut.	pl. bas.	pl. haut.	pl. bas.
Janvier . .	975 »	935 »	219 »	192 »	340 »	327 »	300 »	257 »
Février . .	962 »	895 »	262 »	210 »	345 »	335 »	285 »	275 »
Mars. . . .	905 »	870 »	260 »	222 »	350 »	341 »	317 »	270 »
Avril	930 »	850 »	242 »	225 »	362 »	247 »	375 »	315 »
Mai.	915 »	893 »	255 »	215 »	380 »	365 »	407 »	350 »
Juin.	910 »	900 »	260 »	230 »	400 »	385 »	450 »	410 »
Juillet . . .	900 »	870 »	247 »	232 »	407 »	385 »	435 »	370 »
Août.	900 »	880 »	250 »	232 »	410 »	400 »	405 »	377 »
Septembre	900 »	880 »	238 »	230 »	415 »	400 »	401 »	385 »
Octobre . .	890 »	875 »	245 »	227 »	410 »	407 »	405 »	385 »
Novembre	895 »	870 »	250 »	225 »	425 »	417 »	415 »	395 »
Décembre.	890 »	805 »	290 »	248 »	425 »	420 »	442 »	412 »

BANQUES.

Bilans de la Banque de France en **1868**; *plus hauts et plus bas chiffres des 4 principaux chapitres, encaisse, portefeuille, circulation, comptes-courants.*

Encaisse.		Portefeuille.	
plus haut.	plus bas.	plus haut.	plus bas.
1.314.298.725	982.786.222	554.165.663	388.766.508

Circulation.		Comptes-courants.	
plus haut.	plus bas.	plus haut.	plus bas.
1.292.306.100	1.179.804.575	544.401.738	330.605.439

Taux des escomptes aux Banques de circulation des principales places de commerce en Europe.

	En janv. 1868.	En déc. 1868.	Aug.	Dim.
Paris	2 1/2 0/0	2 1/2 0/0	»	»
Londres.	2	3	1	»
Bruxelles.	2 1/2	2 1/2	»	»
Francfort-sur-Mein	3	2 1/2	»	1/2
Munich.	5	5	»	»
Amsterdam.	3 1/2	2 1/2	»	1
Brême.	3 1/2	3	»	1/2
Vienne	4	4	»	»
Berlin.	4	4	»	»
Leipzig.	4	4	»	»
Florence.	5	5	»	»
Turin.	5	5	»	»
Lisbonne.	5	5	»	»
Madrid.	5	5	»	»
Copenhague.	4	4	»	»
Saint-Pétersbourg	7	7	»	»
Bâle.	4	4	»	»
Zurich.	4	4	»	»
Saint-Gall	4	4	»	»

A Hambourg, où il n'y a pas de banques de circulation, l'escompte était, sur place, de 2 1/2 à 3 0/0 en janvier; il n'est plus actuellement que de 1 3/4 à 2 0/0.

A ne voir que superficiellement la situation d'après les tableaux qui précèdent, et au moyen desquels on a sous les yeux comme la carte financière de l'année 1868; à consulter les éléments de cette carte, les chiffres qu'elle met en relief, sans les raisonner; la tentation sans doute,

— tant il est vrai que les chiffres ne disent pas toujours précisément ce qu'ils ont l'air de dire, — la tentation viendrait de tenir pour démontré que nous sortons d'une année qui a été bonne à tous égards, et qu'une année nouvelle s'ouvre dans les plus favorables conditions.

Il y a tout d'abord ce fait constant, c'est que, depuis un an, ou mieux depuis au moins deux ans, le numéraire métallique n'a pas un instant discontinué d'abonder chez nous, de s'entasser, mais rien que dans les banques, il est vrai, dans ces grands réservoirs publics où il s'en vient dormir sans emploi. Voilà bien le cas, certes, de proclamer avec satisfaction que « la balance du commerce demeure à notre avantage, » que « le change nous a favorisés ! »

Et non-seulement les banques ont regorgé de numéraire, mais remarquez bien aussi qu'elles pouvaient, — autre fait qui est la conséquence du premier, — offrir ce numéraire, qu'elles l'offraient, en effet, et qu'elles l'offrent encore, — malheureusement sans trouver aisément preneurs, — à un bon marché tel, à des taux d'intérêt si bas que jamais, de mémoire d'homme, il ne s'est vu un pareil avilissement du loyer des capitaux : ce serait presque à faire songer à l'utopie des socialistes, qui nous parlent de « prêt gratuit. »

Entrons un peu dans l'histoire du marché monétaire.

Au moment où a été créé le grand régulateur de ce marché pour notre pays, la Banque de France, en l'an VIII, le taux des escomptes de l'établissement nouveau fut à 6 0/0. On vit bientôt ce chiffre descendre à 5, puis à 4 : l'intérêt à 4 0/0 a été, pour ainsi dire, et sauf quelques variations, le taux normal de la Banque pendant plus d'un demi-siècle. Mais, dès les premières années du second Empire, l'argent devient plus cher : le prix en est porté, en janvier 1854, à 5 0/0; il atteint 6 0/0 en octobre 1855, puis 7 1/2 et 8 0/0 en octobre 1857, 9 et même 10 0/0 en novembre de la même année. A partir de là, on voit, au milieu d'oscillations diverses, l'intérêt des escomptes s'abaisser successivement à 9, à 8, à 7, à 6, à 5, à 4, 3 1/2 et même, un moment, en septembre 1858, à 3 0/0. En 1861, les capitaux retrouvent le prix de 6 et de 7 0/0, prix qui ne tarde pas à retomber, en 1862, à 3 1/2 0/0, mais qui se relève à 7 0/0 en novembre 1863, et à 8 0/0 en mai 1864, ainsi qu'en octobre de la même année. Enfin, de cette dernière date, le taux n'a fait que décroître régulièrement, pour venir à un bas chiffre, inconnu de nous jusqu'alors, le chiffre de 2 1/2 0/0, qui reste invariable depuis le 31 mai 1867 : c'est une période écoulée de plus de 20 mois déjà, la plus longue période où, sous le règne actuel, le prix de l'argent n'ait pas varié en France.

Pendant longtemps, à la Banque d'Angleterre, les escomptes, moins chers même que de ce côté-ci du détroit, avaient été tenus à 2 0/0 seulement. Ils viennent, depuis peu, d'être portés à 2 1/2 0/0 d'abord, et ensuite à 3 0/0, taux auquel ils se maintiennent.

Quant à nos grands établissements de crédit en France, autres que la

Banque, par exemple la Société générale, le Comptoir d'escompte, le Crédit foncier et le Crédit agricole, le Crédit industriel, on sait qu'ils ne bonifient à leurs clients que le minime intérêt de 1 ou 1 1/2 0/0 sur les dépôts qu'ils en reçoivent en comptes courants; il est vrai que, en revanche, l'argent de ces dépôts est ensuite employé par les établissements dépositaires,— comme si c'était là ce que prévoient les déposants! — ou bien à fournir des fonds aux syndicats de la Bourse et à alimenter ainsi un jeu effréné, dont les énormes profits, à coup sûr, ne sont pas partagés avec les déposants, ou bien encore à acheter des régies de tabacs au delà des monts et à faire au grand Turc, ainsi qu'à des pachas endettés, des prêts à des taux de 10, de 15, si ce n'est même de 17, 18 et 20 0/0. C'est de la sorte, notamment, que la Société générale (pour favoriser le développement du commerce et de l'industrie en France), fondée par MM. Schneider, Talabot et autres personnalités marquantes de notre moderne féodalité, justifie le programme tracé dans son titre même.

Signalons un troisième fait, qui n'aide pas moins que les précédents à caractériser, — si elle peut être caractérisée, — la situation financière que laisse après elle l'année 1868 : c'est de la hausse des valeurs de Bourse qu'il s'agit, de cette hausse qui, si souvent vaincue et écrasée précédemment, s'est relevée enfin avec éclat, savamment conduite au triomphe par des hommes forts, usant de moyens qui ont fait merveille à la Bourse, comme les fusils Chassepot à Mentana. On n'oubliera pas de sitôt certaines liquidations de 1868, qui, par les désastres jetés dans le camp des baissiers, et portés aussi, malgré les impuissantes barrières du monopole, jusques à travers les rangs de la phalange sacrée des agents de change, rappellent douloureusement une autre liquidation, de funeste mémoire aussi, celle du mois de juillet 1866.

La hausse de juillet 1866, aussi imprévue que l'événement politique qui l'occasionnait, avait été rapide, violente, irrésistible, semant des ruines d'un côté, pendant que d'un autre elle édifiait, comme si la baguette d'un magicien eût passé par là, quelques fortunes improvisées, bâties sur le sable de la spéculation, et qu'un vent contraire emporterait promptement. La baisse, en effet, survint; et on peut dire que, paraissant s'accentuer tous les jours davantage, elle s'est maintenue, presque sans discontinuation, jusques à l'année 1868, qui, enfin, par un brusque retour, est venue nous apporter la hausse. Mais de cette hausse de 1868, que 1869, à en juger par ce qui se passe, semble vouloir continuer, qu'adviendra-t-il, en définitive? Qu'est-elle au fond, cette hausse, et que signifie-t-elle? Il convient tout d'abord, on le conçoit, de constater mathématiquement les résultats acquis ; et, pour cela, nous comparons aux cours qui avaient été cotés au 31 décembre 1867, ceux de la dernière liquidation de l'année 1868. Il va de soi que nous nous sommes attaché à prendre précisément les mêmes valeurs qui avaient déjà trouvé leur place dans nos tableaux ci-dessus relatifs aux variations mensuelles, afin de compléter ceux-ci, en quelque sorte, par de nouveaux chiffres, que voici :

	Au 31 déc. 1867.	Au 31 déc. 1868.	Balance en plus ou en moins pour 1868.
3 0/0 français	68.32	70.15	+ 1.83
Rente italienne	44.75	57.20	+ 12.45
6 0/0 américain	82 1/4	85	+ 2 3/4
Emprunt autrichien, 1852	67	63	— 4
5 0/0 turc	32.90	39.30	+ 39.30
3 0/0 espagnol intérieur	34 1/2	30	— 4 1/2
4 1/2 0/0 belge	99 1/2	102 1/2	+ 3
3 0/0 anglais	92	92 5/8	+ 5/8
Banque de France	3.120	3.105	— 15
Mobilier français	160	292	+ 132
Crédit foncier	1.335	1.537	+ 202
Comptoir d'escompte	615	710	+ 95
Société générale	505	575	+ 70
Crédit industriel et commercial	625	645	+ 20
Mobilier espagnol	176.25	277.50	+ 101.25
Foncier autrichien	630	750	+ 120
Orléans	855	917	+ 62
Nord	1.165	1.205	+ 40
Lyon	865	965	+ 100
Midi	550	625	+ 75
Est	530	575	+ 45
Ouest	550	573.75	+ 23.75
Autrichiens	500	646	+ 146
Lombards	343	420	+ 77
Messageries impériales	725	767.50	+ 42.50
Gaz de Paris	1.442.50	1.535	+ 92.50
Compagnie transatlantique	270	328.75	+ 58.75
Compagnie immobilière	73.75	106	+ 32.25
Omnibus de Paris	980	810	— 70
Voitures de Paris	195	251.25	+ 56.25
Eaux	338	413.75	+ 75.75
Suez	292.50	435	+ 142.50

Ce parallèle des cours, quoiqu'il ne porte que sur un nombre limité de valeurs, est néanmoins très-suffisant, nous le croyons, pour que, d'un coup d'œil, en l'examinant, on se fasse une idée exacte de l'étendue des progrès qu'en somme, à travers les fluctuations que nos premiers tableaux retracent mois par mois, la hausse a obtenus pendant la durée de l'exercice écoulé. A l'exception d'un petit nombre de titres, que des circonstances particulières, telles que l'impôt de 16 0/0 en Autriche ou la Révolution de l'Espagne, pour les fonds de ces pays, et encore la stagnation des affaires commerciales à l'égard de la Banque de France, une capitalisation trop élevée sur les Omnibus, etc., empêchaient de prendre part au mouvement, tout le reste a monté, et monté dans des proportions formidables, qui ne sont souvent pas moindres de 20 0/0, et qui même, pour quelques valeurs plus spécialement favorisées par la spéculation, permettraient de constater des écarts beaucoup plus considérables encore si, à leur égard, on prenait pour termes de comparaison, non pas les chiffres cotés seulement à la fin des deux exercices 1867 et 1868, mais, d'une part, le plus bas chiffre, et, de l'autre, le plus haut dans les cours de l'année 1868 seule.

Tous comptes faits, en définitive, comme l'ont calculé plusieurs journaux (1), les améliorations acquises, du 31 décembre 1867 au 31 décembre 1868, sur l'ensemble des valeurs de la cote officielle, ne se chiffrent, en total, guère au-dessous de 2 milliards de francs. Les valeurs admises à la cote officielle représentent, on le sait, taux d'émission, 25 milliards de francs au moins : c'est là-dessus que travaille la Bourse, sans compter, en outre, les valeurs non cotées ou valeurs dites négociées en banque, dont le capital est très-considérable aussi, sans qu'il soit, du reste, facile ou même possible de le déterminer avec quelque précision. Les 25 milliards de la cote officielle, quand les cours de la Bourse étaient tenus en hausse, par exemple en 1863, valaient, à coup sûr, nominalement plus de 28 milliards de francs. Mais, à partir de 1865, et surtout en 1866 et 1867, la dépréciation fut telle que nous pouvions, il y a un an, (1), constater, comme résultat, de la baisse persistante qui avait dominé le marché, un déficit de plus de 2 milliards de francs, non pas sur les 28 milliards des époques de hausse, mais sur les 25 milliards réellement souscrits et versés aux émissions. Avec la hausse qui vient d'être obtenue en 1868, on le voit, ce déficit est reconquis et les 25 milliards de nos émissions se retrouvent, non pas, hélas ! pour tous les individus isolément, et pour toutes les valeurs, car il en est qui perdent beaucoup et même tout, quand d'autres, par contre, gagnent considérablement. Mais, laissant de côté aussi bien les chances favorables échues aux particuliers que les infortunes qu'ils ont subies, on peut assurément et on doit ne prendre la situation que dans son ensemble, au point de vue de la généralité des intérêts et de la fortune du pays lui-même. Et alors, toutes compensations gardées, est-ce qu'il ne sera pas vrai de dire, comme d'aucuns l'ont écrit, que « l'année 1868 a été surtout une année réparatrice ? »

Oui, incontestablement, l'année 1868, financièrement parlant, a réparé quelque chose ; elle a même réparé beaucoup, à ne considérer que ce beau chiffre de 2 milliards de francs d'accroissement sur 1867, dans le prix total des valeurs de la Bourse. Mais entendons-nous. C'est la spéculation qui avait fait le mal, lorsque le jeu des baissiers, de 1866 à 1868, amenait la dépréciation, plus factice souvent que réelle, de toutes les valeurs du marché; et, en 1868, une spéculation contraire relève ces mêmes valeurs, et les surélève peut-être, voilà tout : affaire de jeu, de stratégie à la Bourse, de réaction aussi et d'entraînement quelquefois. Sur quel fonds tout cela repose-t-il ? La fortune du pays, en réalité, gagne-t-elle quelque chose à ces coups de la spéculation ? Notre bien-être, nos revenus, le capital productif de la France, s'en trouvent-ils accrus ou améliorés, et les affaires sérieuses facilitées d'autant ?

(1) *L'Industrie* et le *Journal des Débats*.

(1) Voir le *Journal des Economistes*, numéro de janvier 1868.

C'est qu'il faut bien que l'on sache comment la hausse de 1868 s'est produite. Le gouvernement la voulait à cause de son emprunt à émettre, et il l'a *conseillée* (1) (on comprend ce que cela veut dire); les syndicats de banquiers ne la désiraient pas moins, ayant, eux aussi, presque tous à ouvrir des souscriptions, qui ne réussissent, on ne l'ignore pas, qu'en temps de hausse. Il est, en effet, à remarquer, — circonstance caractéristique, — que jamais peut-être il n'avait été adressé autant d'appels réitérés au Crédit : pas un seul mois de l'année 1868 ne s'est écoulé sans qu'il y ait eu, à Paris, quelque emprunt, ou tentative d'emprunt, et, rien que dans le mois d'août, on n'en compte pas moins de six; le montant des sommes ainsi obtenues, en 1868, du public français, y compris les 429 millions de l'emprunt du gouvernement, est évalué par *la Semaine financière* à 1 milliard 435 millions de francs, dont plus de 500 millions à destination de l'étranger, comme si pourtant les mésaventures des chemins portugais, espagnols, italiens, et des emprunts tunisiens ou autres, n'étaient pas pour nous d'assez rudes leçons !

Le public a donc couru aux souscriptions, surtout à celles des valeurs à lots, la grande mode du jour, *great attraction*; mais ce même public a-t-il pris part aussi à la hausse de la Bourse? Non, il a regardé faire; et encore aujourd'hui il se contente d'observer, n'achetant pas, mais, au contraire, profitant même des hauts prix pour vendre. De là l'impossibilité de franchir certains cours; et de là encore un marché au comptant toujours en retard, faible, sans aucun essor, et qui n'est soutenu, tant bien que mal, que parce qu'il alimente de titres le marché à terme, tandis que c'est l'inverse qui devait avoir lieu, si la situation était normale, puisqu'en réalité il est dans le rôle du marché à terme, marché de la spéculation, ne gardant pas les titres, de les envoyer au marché du comptant, qui est celui de l'épargne et du capital, celui où les valeurs se placent et où elles trouvent leur classement définitif. Aussi est-il à remarquer que même l'emprunt de 429 millions, parce qu'il a été apporté sur la place et par les spéculateurs à 5 francs d'une part, et de l'autre par les banquiers millionnaires, mal émis et mal souscrit, quoique souscrit 34 fois, n'est pas le moins du monde classé ; pour le soutenir et pour soutenir en même temps la rente qui fléchissait, il a fallu, sur les *conseils* du gouvernement, l'intervention active de nos principales institutions de crédit et même, ce qui ne s'était jamais vu, de la Banque de France, en dépit de ses statuts. Voilà des titres achetés, mais pour être revendus plus tard; ils reviendront un jour ou l'autre sur le marché : ce sont donc autant de valeurs qui restent à classer. Et, à coup sûr, tant que le public se tient ainsi à l'écart, le dernier mot de la situation n'est pas dit.

En outre, pour qu'une hausse à la Bourse soit un signe de prospérité publique, pour que, dans les résultats mathématiques qu'elle fournit,

(2) *Conseillée* : c'est le mot dont se sert le *Constitutionnel* lui-même.

il y ait véritablement lieu de constater une augmentation corrélative de la fortune nationale, est-ce qu'une double condition ne lui est pas nécessaire? Cette double condition, c'est que la hausse dont il s'agit corresponde et à un état politique devenu plus satisfaisant, qui rende les populations confiantes, et en même temps à une reprise au moins de l'activité industrielle et commerciale. En sommes-nous là? C'est douteux. Car, à l'égard du commerce et de l'industrie, comme aussi de l'agriculture, tout démontre, au contraire, leur atonie persistante : la preuve de leur malaise est péremptoirement fournie, surtout par les bilans de la Banque de France, qui, en regard d'un portefeuille de moins de 500 millions de francs, nous montrent 1,200 millions à l'encaisse non compris encore près de 400 millions en comptes-courants improductifs.

Quant à la politique, il n'est que trop manifeste que, si même elle n'a pas reculé, elle n'a du moins pas avancé depuis l'année dernière, et qu'aucune des grandes questions pendantes en Europe n'a été résolue; les difficultés sont donc simplement ajournées, et on ne désarme ni en France, ni en Prusse, ni en Russie; on continue bien plutôt à armer encore en vue d'éventualités possibles (1).

La sécurité relative dont l'année 1868 nous a fait jouir peut, à la rigueur, suffire lorsqu'il s'agit d'opérations de Bourse, qui, en général, se nouent et se dénouent tous les mois, quelquefois du jour au lendemain; mais pour le commerce, pour l'agriculture, pour l'industrie, ce n'est pas seulement cela qu'il faut, c'est tout un long avenir sans « points noirs. »

---

(1) La France est prête ; « ses ressources militaires, a dit l'Empereur dans son dernier discours du trône, sont désormais à la hauteur de ses destinées dans le monde... » Quelles destinées?? La guerre!

DEUXIÈME PARTIE

ANNÉE 1869.

LA SITUATION FINANCIÈRE.

Le *Journal officiel* du 11 janvier a publié le rapport de Son Excellence M. Magne sur la situation financière de l'Empire; et cette situation, M. le ministre s'efforce de la présenter comme très-favorable aujourd'hui; cela se comprend, car l'amélioration survenue serait son œuvre. Et puis, ne faut-il pas aussi, par un tableau encourageant de l'état des choses, préparer, en faveur du Gouvernement, le champ des élections prochaines? Ce qui est, dans tous les cas, incontestable, c'est que le nouveau rapport ministériel a été rédigé avec une dextérité merveilleuse, avec un rare talent de jouer avec les chiffres; il y a néanmoins toujours le dessous des cartes. Un indice très-significatif, entre autres, c'est que ce document n'a été accueilli, à la Bourse, que par l'indécision d'abord à son égard, et ensuite par la baisse; cela, remarquons-le bien, quand M. le ministre, dans son rapport même, s'est tant félicité et si hautement réjoui de la hausse qui s'était précédemment produite: n'est-ce pas là une amère ironie, comme les événements savent quelquefois en préparer aux hommes? Et si, en fin de compte, il advenait que cette hausse tant prônée, pour laquelle de si grands efforts ont été et sont encore faits, s'en retournât comme elle est venue! Ce n'est pas impossible. Nous n'avons d'ailleurs, quant à nous, rien à retrancher de nos précédentes appréciations.

M. Magne n'est pas un homme nouveau; ce n'est pas pour la première fois que le portefeuille des finances de l'Empire lui est confié. M. Magne, M. Bineau, M. Fould : voilà les trois principales personnalités financières qui ont été appelées, à tour de rôle, à se remplacer l'une l'autre. Mais quoi! Ou M. Magne, ou M. Bineau, ou M. Fould, n'est-ce pas, sauf la différence des noms, absolument la même chose au fond? Oui : les hommes se succèdent, meurent, s'en vont ou reviennent; mais, pour autant, le système ne change pas. Et ce système financier, qui ne change pas, ce système, inhérent en quelque sorte à l'institution elle-même du second Empire, ne sait-on pas ce qu'il est? Dix-huit années d'expérience ne l'ont, hélas! que trop prouvé : il est le déficit en permanence, puisque deux budgets seulement, sur tous ceux du gouvernement impérial, se sont, tant bien que mal, soldés jusqu'ici à peu près en équilibre; il est, en même temps, la constante aggravation des impôts et des charges qui pèsent sur le pays, l'accroissement continu des dépenses publiques, ce que M. Magne, il est vrai, — doctrine au moins étrange, — qualifie de « loi du progrès; » il est enfin, ce même système, il est le retour, en quelque sorte périodique, à des emprunts nécessaires pour combler les vides.

Et cependant M. Fould, notamment, avait bien promis que le grand Livre de la dette publique, dorénavant, resterait fermé. Comme cet engagement solennel a été scrupuleusement tenu ! Est-ce que deux emprunts, dont un par M. Fould lui-même, n'ont pas été contractés depuis lors, sans compter, bien entendu, ceux qui viendront encore par la suite? Sans doute, « un recours au crédit est certainement une mesure extrême : » M. Magne lui-même le pense et il le dit; et il s'autorise un peu plus loin, dans son rapport, des paroles suivantes de Turgot : « Ne dépenser que son revenu, moins même que son revenu, sauf les cas de force majeure. » A coup sûr, c'est là une maxime excellente; mais rien n'étonne plus que de la voir invoquée par un ministre du gouvernement impérial, car elle est la condamnation la plus énergique des agissements financiers de ce gouvernement, qui, depuis qu'il existe, en temps de paix comme en temps de guerre, a toujours beaucoup plus dépensé que son revenu. Est-il à croire que « les cas de force majeure » se soient renouvelés si souvent? Et, par exemple, est-ce la force majeure qui justifie l'emprunt de 429 millions de M. Magne lui-même, émis en pleine période de paix, l'année dernière? On connaît les circonstances de cet emprunt.

En janvier 1868, M. Magne, rentré depuis peu au ministère des finances, constatait, par un premier rapport à l'Empereur, des embarras dans la situation du Trésor; et cette situation, surtout peut-être parce qu'elle avait été faite par d'autres que par lui-même, il l'envisagea tout d'un coup d'un œil peu satisfait. Il jugea que des mesures exceptionnelles, c'est-à-dire un emprunt, étaient indispensables : « J'ai conçu l'espoir, écrivait-il, qu'elles auront (ces mesures) pour résultat, en liquidant le présent, de préparer un avenir meilleur. » Et aujourd'hui que l'emprunt a été effectué, il se félicite, tout lui semble avoir été sauvé : la loi, affirme-t-il, qui a autorisé l'emprunt de 429 millions, « permet de liquider le passé, elle débarrasse les budgets de leurs entraves et les rend à leur marche naturelle, elle ouvre la voie des améliorations successives. »

Certes, un père de famille qui ne s'ouvrirait ainsi « la voie des améliorations successives » et ne se préparerait « un avenir meilleur » que par le moyen d'un emprunt serait bien près de passer pour un insensé, digne d'avoir une place à Charenton. Mais, en fait de finances gouvernementales, c'est différent : erreur au-delà des Pyrénées, vérité en deçà.

Mais veut-on savoir ce que Napoléon Ier pensait des emprunts d'États? Napoléon Ier est une autorité que, très-certainement, nous ne serons pas mal venu à invoquer aujourd'hui. Une justice à lui rendre, c'est qu'il n'était pas, du moins, un emprunteur; et toutes les guerres de son règne, tous les travaux qui datent de son temps, il a su les mener à leur terme sans avoir besoin de recourir au crédit : « Je ne fais pas d'emprunt, écrivait-il un jour au duc de Rovigo, je n'ai pas besoin d'en faire. » Et une autre fois, en 1810, beaucoup plus explicite encore, il disait, en parlant des emprunts que les États contractent, que « ce moyen est à la fois immoral et funeste; » que, sacrifiant l'avenir au présent, « il mine insensiblement l'édifice public. » Triste prédiction : *omen avertite, dii!*

En vérité, si le second Empire, presque en tous points, s'est modelé sur le premier, et si le gouvernement de Napoléon III a tenu souvent à honneur de copier celui de Napoléon surnommé le Grand, on voudra bien en convenir, ce n'est pas, tant s'en faut, en matières de finances ni d'emprunts de l'État : sous ce rapport, la manière de voir de l'oncle n'entrait-elle donc pas dans le cadre de ce que le neveu a baptisé du nom d'*idées napoléoniennes !*

Quoi qu'il en soit, il est un fait constant, c'est que la France, depuis l'année 1852, a beaucoup emprunté, et elle empruntera bien encore dans l'avenir! Pourquoi donc pas? Les emprunts du gouvernement, après tout, sont peut-être un moyen de faire qu'il y ait, dans le pays, des rentiers en grand nombre, et même un jour, qui sait? rien que des rentiers! Ce serait alors l'*extinction du paupérisme*, ce rêve philanthropique d'un écrivain devenu plus tard potentat.

D'ailleurs, les emprunts servent spécialement, chez nous, — c'est-là leur utilité la plus immédiate, — à solder les déficits annuels des budgets, et à procurer de temps à autre à la dette flottante une diminution de son chiffre, qui ne tarde pas à grossir de nouveau; ils servent aussi maintenant, parce qu'on veut être, ainsi que le recommande un vieil axiôme, toujours préparé pour la guerre en vue de conserver la paix, à payer de formidables armements, de même qu'ils faisaient face, naguère encore, aux frais de diverses expéditions militaires, poursuivies sans doute afin qu'il soit bien prouvé, suivant un mot resté célèbre, que « l'Empire c'est la paix; » et ils servent enfin, dans une certaine mesure, à la splendeur d'un gouvernement fort, la France étant assez riche pour se passer de cette gloire. Mais les entreprises utiles au pays en ont-elles leur part? Rarement; car ce n'est pas à leur occasion que l'État emprunte : oh! non. Et, si ce n'est les démolitions et les constructions qui s'exécutent dans Paris, parce que cette ville emprunte elle-même, œuvres stériles d'ailleurs, est-ce qu'il n'est pas certain que ce n'est nullement depuis le rétablissement de l'Empire en France qu'il y a été fait le plus de ces grands travaux publics qui sont la fortune d'une nation?

Après cela, que le chiffre de la dette publique augmente dans des proportions inquiétantes, oh! c'est la moindre des choses : est-ce que la postérité ne payera pas cela? à moins qu'un jour ne vienne cependant où rien ne serait payé du tout. Mais qu'importe! « Après moi le déluge, » disait Sa Majesté Louis XV.

On calcule que, depuis 18 ans, le gouvernement impérial, en France, a conclu sept emprunts directs et publics, sans compter encore plusieurs opérations de trésorerie qui, à très-juste titre, pourraient être qualifiées d'emprunts déguisés. Notre dette nationale inscrite s'est ainsi, pendant ce laps de temps, accrue, le dernier emprunt compris, d'environ 4 milliards 700 millions de francs, en capital, soit au moins 132 millions de francs de rentes de plus à payer par an. — Un parallèle qui n'est pas à l'avantage du gouvernement français, c'est que l'Angleterre, qui d'ailleurs n'emprunte plus du tout, a su, en outre, à ne compter que des dix dernières années écoulées, réduire, dans ce laps de temps, sa dette consolidée de près de 900 millions de francs, en capital : M. Gladstone, décidément, vaut bien tous les Magne, les Fould et les Bineau. La dette anglaise était de 22 milliards en 1815 ; elle est de 19 milliards aujourd'hui.

Mais, l'Angleterre exceptée, tous les autres États de l'Europe, comme la France, alors qu'ils n'ont même nul souci d'amortir leur dettes précédemment contractées, empruntent encore à qui mieux mieux. Le total des dettes réunies des divers États européens, en capital, dépasse aujourd'hui 66 milliards de francs, chiffre dans lequel la France entre pour près de 12 milliards. Et il est bon nombre de ces États emprunteurs qui ne songent aucunement qu'un jour vient, jour prochain peut-être, où sonnera pour eux le quart-d'heure de Rabelais. Déjà Tunis a cessé de payer ; l'Italie et l'Autriche, en imposant l'une de 10 et l'autre de 16 0/0 leurs propres rentes, malgré les conventions, ne font pas autre chose, en cela, qu'une faillite partielle, déguisée sous un nom plus honnête ; et, quant à la Turquie, lord Stanley n'a-t-il pas annoncé, il y a quelques semaines seulement, qu'elle était à la veille de la banqueroute ?

Certes, la France, heureusement, n'en est pas là ; elle a des ressources qui sont inépuisables, ou qui du moins seront inépuisables quand le pays ne s'appartiendra qu'à lui-même. Notre situation n'est pas telle, assurément, qu'elle doive inspirer des craintes.

Pourtant, il ne faut rien exagérer, non plus, il y a de certaines illusions faciles, qui risqueraient d'être fort dangereuses. Et, notamment, « de tous les sujets qui occupent l'esprit humain, — c'est l'opinion de M. Magne lui-même que nous citons, — les matières de finances sont celles qui se prêtent le plus aux illusions et qui, en définitive, peuvent le moins s'en contenter. »

C'est là parler d'or. Mais quand M. le ministre, par exemple, parce qu'il désire qu'une reprise sérieuse des affaires ait lieu, s'imagine, à force de l'espérer, que déjà elle est un fait acquis, et quand il base sa conviction, à cet égard, soit sur une hausse de la Bourse, hausse qui n'a pas été le libre résultat de l'offre et de la demande, soit sur le succès fort problématique d'un emprunt trente-quatre fois souscrit, il est vrai, mais qui, après six mois, n'est pas classé encore, puisque ses titres flottent dans le marché à des prix inférieurs à ceux de la rente, qu'ils devraient, au contraire, dépasser constamment ; quand, en outre, c'est à l'aide des chiffres exceptionnellement grossis d'une fin d'année que sont établies les bases de tout un calcul, et que de purs accidents sont ainsi généralisés, quoiqu'ils ne se renouvelleront peut-être plus ; quand un rapport, en un mot, se présente échafaudé de la sorte, n'ayant aucun point d'appui suffisamment solide ; oh ! nous croyons pouvoir le dire hautement, c'est de l'illusion, pas autre chose.

Eh quoi ! jamais le nombre des faillites n'a été aussi considérable, jamais l'industrie ni le commerce n'ont fait entendre des plaintes aussi vives et aussi douloureuses, jamais il ne s'est vu tant d'or et d'argent sans emploi dans les banques publiques et si peu d'escomptes d'effets de commerce, jamais plus de misère et moins de travail pour l'ouvrier ; et c'est à ce moment-là qu'une voix autorisée apporte soudain cette déclaration inattendue : les affaires reprennent !

Non, quoiqu'on veuille l'affirmer, et à moins qu'il ne s'agisse d'armements et d'entreprises pour les fournitures militaires, elles ne reprennent pas, les affaires ; et elles ne reprennent pas, parce que surtout la confiance fait défaut. Il y a, du reste, à la fin même du rapport ministériel, un aveu précieux à recueillir : « la paix est nécessaire au pays, » dit M. Magne. Voici en quels termes le *Times* commente cette parole :

« On nous montre tout un peuple désireux de la paix, ayant soif de la paix, sentant tout aussi bien que M. Magne « combien la paix est nécessaire au pays, » et ce peuple est suspendu aux lèvres d'un homme qui a tout pouvoir de décréter ou la paix ou la guerre. De là, ces alternatives de confiance et de terreur, d'activité et de stagnation. Et, au-dessus de ce peuple, nous voyons un potentat, désireux également de la paix, épiant la pensée de ses sujets avec la même inquiétude qu'eux-mêmes éprouvent à épier la sienne, et n'étant jamais parfaitement sûr s'il n'est pas belliqueux quand on voudrait le voir pacifique, ou timoré quand on voudrait le voir hardi. »

Le *Times* n'a-t-il pas raison ? Et si, outre cette cause de malaise, signalée par le journal anglais, cause profonde puisqu'elle se rattache à l'organisation constitutionnelle même d'un grand pays comme la France, on songe, qu'il y a encore, en Europe, bien d'autres difficultés très-graves, très-urgentes, qui pèsent sur la situation, maintes questions incessamment ajournées sans être jamais résolues, de la défiance partout, d'immenses armements et un pied de guerre ruineux pour tous les États, des *casus belli* surgissant à chaque pas et qui donnent fort à faire à la diplomatie, le mécontentement des populations, leur découragement quelquefois et leurs souffrances réelles, moins de production et moins de consommation, des monceaux de numéraire improductif et sans emploi s'accumulant en France et en Angleterre, tandis que l'Italie, l'Autriche, la Russie n'ont plus, pour les besoins de leurs rares transactions, qu'un papier-monnaie déprécié, équilibre dans la distribution des moyens d'échange entre les peuples aussi manifestement rompu, dès lors, que le sont, d'autre part, et l'équilibre de la politique et celui de presque tous les budgets européens ; si, en un mot, on envisage sans parti pris une aussi évidente perturbation, à la fois politique et économique, de notre vieille Europe, qui faisait dire naguère au cardinal Antonelli

« que le monde craque, *il mondo casca*; » et pour peu que l'on ne soit pas homme à se faire trop facilement illusion, on ne comprendra guère comment M. Magne, esprit positif et sûr cependant, a pu écrire un rapport tellement optimiste qu'il semble être presque aux antipodes de la réalité.

Était-il donc si urgent de ne pas vouloir que la lumière soit faite? Le parti pris de masquer la vérité apparaît même jusque dans les tableaux de chiffres qui accompagnent le document ministériel. Ainsi, notamment, dans ces tableaux, c'est par la constatation mathématique des accroissements survenus dans les portefeuilles, non de la Banque de France seule, mais également de nos autres « principales » institutions de crédit, que M. Magne pense avoir fourni la preuve péremptoire qu'une reprise des affaires existe. Eh bien! alors, est-ce qu'il a eu soin de soumettre à l'examen les bilans de toutes les institutions de crédit de la France, ou au moins de toutes celles qui sont, — conformément à l'expression même dont il se sert, — « les principales ? » Ecoutez : outre la Banque de France, il mentionne le Crédit agricole, le Crédit industriel et commercial, le Comptoir d'escompte de Paris, la Société des dépôts et comptes-courants. Fort bien! mais où est donc le Crédit mobilier? où est le Crédit lyonnais? et la Société algérienne? et le Crédit foncier de France? où est surtout celle de toutes nos banques publiques qui, après la Banque de France, tient le premier rang par l'importance de son capital et le chiffre de ses affaires, la Société générale? Absence complète! Pourquoi? Précisément parce que là on eût trouvé une situation qui réduit à néant la thèse plus que fantaisiste d'une reprise actuelle des affaires. Car, par exemple, à elle seule, entre autres, la Société générale présente, dans son portefeuille, une réduction qui s'est chiffrée, au 31 décembre 1868, par la somme énorme de 52 millions 500,000 francs. Et ce qu'il y de mieux, c'est que c'est à peu près exactement là le montant même des escomptes de papiers que la Banque de France avait consentis à cette Société en vue de son échéance de décembre.

Voilà donc, pour la plus forte part, la source de l'accroissement subit du portefeuille de la Banque de France, en décembre dernier. Et si, du reste, on n'oublie pas que le papier de la Société générale, à très-peu d'exceptions près, n'est pas du papier de commerce, mais qu'il n'est que du papier de spéculation, papier de complaisance fourni par les syndicats de la Bourse, qui se créent ainsi des ressources factices, où ni le commerce ni l'industrie n'ont rien à voir; si, en même temps, on se rappelle qu'en raison de certains arrangements, dans le courant de l'été dernier, près de 22 millions de francs ont été avancés, pour deux ou trois ans, par la Banque de France au Crédit mobilier, sur billets à ordre ou lettres de change garantis par les anciens administrateurs de ce dernier établissement, et renouvelables tous les trois mois, un renouvellement ayant dû avoir lieu précisément pour la fin de décembre;

qu'au surplus le mois de décembre est toujours, pour tout le monde, une époque de renouvellements bien plus que d'affaires nouvelles; si on veut bien, sans que nous ayons à creuser plus profondément la situation, s'arrêter seulement à ces quelques considérations, qui reposent, du moins, sur des faits incontestables, on sera, nous le croyons, en dépit de tous les boniments officieux et officiels, très-amplement fixé à l'égard d'une prétendue reprise des affaires, qui, certes ne serait, en tout cas, guère d'accord avec le sentiment unanime du public et du monde des affaires lui-même, d'où ne partent, de tous côtés, que des plaintes et des cris de souffrance, quand M. le ministre, ô amère dérision! prétend qu'il n'y a plus qu'à se réjouir!

Voici, d'ailleurs, un petit tableau oublié par Son Excellence, et qui a bien une certaine signification; c'est celui des déclarations de faillites prononcées par le tribunal de commerce de Paris: leur nombre, en 1866, était de 1,500; il a été, en 1867, de 1,620, et, en 1868, il arrive au chiffre de 1,943: quel sera ce chiffre en 1869, si la progression continue?

Un autre tableau peut faire le pendant, et nous regrettons aussi que le rapport ministériel ne le reproduise pas; c'est celui des dividendes de la Banque de France. La Banque, en 1857, alors que ses actions valurent jusqu'à 4,600 fr., distribuait à ses actionnaires 334 fr. par action; en 1866, elle fut encore en mesure de leur donner 156 fr., et 107 fr. en 1867; mais, hélas! en 1868, il n'y a plus que le maigre dividende de 90 fr., et les actions se cotent un moment au-dessous même de 3,000 fr. Il faudra voir ce que donnera 1869!

On raconte que l'Empereur, à qui ces chiffres auraient été soumis, s'en est montré très-ému; ce qui n'empêche pas qu'il vient de prononces, pour la rentrée des Chambres, un discours où, de même que son ministre des finances, il dit, à son tour, que « les transactions commerciales ont repris une féconde activité, » que « les revenus publics ont augmenté considérablement, » et que le régime impérial « a donné à la France dix-sept années de quiétude et de prospérité toujours croissantes! »

La Bourse a, le jour même, répondu à ce discours par une baisse à peu près générale, baisse de 25 cent. sur le 3 0/0 français, et même de 50 cent. sur l'emprunt Magne, soi-disant si bien classé, de 50 cent. aussi sur la rente italienne, de 13,75 sur le foncier, de 2 à 4 fr. sur la plupart des chemins de fer. A la vérité, il y eut une reprise dès le lendemain, mais une reprise *par ordre!* car ce sont les institutions de crédit qui achetaient; et l'*homme masqué* en avait donné le signal: convoque-t-on donc à nouveau, pour la hausse quand même, le ban et l'arrière-ban?

LOUIS THEUREAU.

PARIS. — TYP. A. PARENT, RUE MONSIEUR-LE-PRINCE, 31.

www.ingramcontent.com/pod-product-compliance
Lightning Source LLC
LaVergne TN
LVHW020516230826
846091LV00008BA/3489

* 9 7 8 2 0 1 6 1 9 6 0 6 9 *